LES
USAGES LOCAUX

DANS LA BASSE-NORMANDIE

ET PARTICULIÈREMENT DANS LES ARRONDISSEMENTS

d'Avranches et de Mortain

PAR

M. Albert LE GRIN

PRÉSIDENT DU TRIBUNAL CIVIL D'AVRANCHES

DEUXIÈME ÉDITION

En vente chez tous les Libraires

NOGENT-LE-ROTROU

IMPRIMERIE DU *NOGENTAIS*

G. FAUQUET

—

1906

LES
USAGES LOCAUX

DANS LA BASSE-NORMANDIE

ET PARTICULIÈREMENT DANS LES ARRONDISSEMENTS

d'Avranches et de Mortain

PAR

M. Albert LE GRIN

PRÉSIDENT DU TRIBUNAL CIVIL D'AVRANCHES

DEUXIÈME ÉDITION

En vente chez tous les Libraires

NOGENT-LE-ROTROU

IMPRIMERIE DU *NOGENTAIS*

G. FAUQUET

1906

LES USAGES LOCAUX

DANS LA BASSE-NORMANDIE

ET PARTICULIÈREMENT DANS LES ARRONDISSEMENTS

D'AVRANCHES ET DE MORTAIN

PRÉFACE

DE LA PREMIÈRE ÉDITION

Soumettre aux mêmes lois tous les Français, tel a été le but du Code civil ; mais, quelque complète qu'ait été l'œuvre du législateur, elle n'a pu prévoir tous les cas : la nature du sol, la variété du climat, la diversité de la culture sont autant d'obstacles à l'application d'une loi uniforme à toutes les parties de la France. Il était donc indispensable de posséder une législation variable selon les lieux où elle est appliquée. Cette législation s'est appelée : *Usages, Coutumes.*

Conservés par la tradition, tant que les hommes restés attachés au sol ne se déplaçaient pas, vivaient et mouraient dans le village qui les avait vus naître, ces usages et ces coutumes ne risquaient guère de se perdre. On se les transmettait avec les héritages ; mais aujourd'hui une profonde modification s'est produite dans les mœurs ; les conditions de la vie ont changé, les traditions se perdent ou tout au moins s'affaiblissent, et il est à croire que dans un temps relativement peu éloigné il ne restera plus qu'un souvenir plus ou moins fugitif des droits, des usages et des coutumes.

Dès lors, n'est-il pas à craindre de voir s'ouvrir à chaque instant des procès, toujours onéreux, même pour ceux qui obtiennent gain de cause, sur des questions pour la solution desquelles on manquera de renseignements précis et que les juges ne pourront résoudre qu'après des recherches longues et difficiles et dont les résultats seront encore douteux.

En 1855, le Gouvernement avait résolu de réunir les usages locaux, et les préfets avaient, dans chaque canton, nommé une commission chargée de réunir et de codifier ces usages.

L'idée était excellente, mais que sont devenus les travaux de ces commissions ?

Pensant rendre quelque service, nous avons réuni, autant que nous avons pu le faire, les usages locaux de l'arrondissement d'Avranches, et n'ayant pu, malgré nos nombreuses recherches, trouver trace de l'ensemble du travail des commissions dont nous venons de parler, nous avons fait appel aux magistrats cantonaux, aux hommes d'affaires, et, grâce au concours bienveillant qu'ils nous ont prêté, nous avons réuni un certain nombre de documents intéressants que nous livrons à la publicité.

Nous n'avons pas la prétention de faire un ouvrage de jurisprudence, notre ambition ne saurait aller jusque-là; mais si dans ce modeste travail les propriétaires, les fermiers peuvent trouver la solution de quelque différend, nous nous trouverons suffisamment récompensé de nos efforts. Le cultivateur a bien assez de déboires, ses chances de pertes sont assez nombreuses : la pluie, la sécheresse, les accidents, les épidémies lui font perdre assez de temps et d'argent sans qu'il soit obligé de venir à grands frais devant la Justice faire juger des questions dont la valeur est le plus souvent dépassée par le prix du timbre et d'autres droits fiscaux exhorbitants, sans compter la mésintelligence, les inimitiés, les haines que des discussions longues et âpres font régner entre gens qui, à tous les points de vue, auraient un intérêt capital à rester unis.

Si nons avons pu être utile, notre but est atteint; si nous

n'avons pas réussi, que l'intention nous fasse pardonner notre timide essai, pour lequel nous demandons toute l'indulgence de ceux qui nous feront l'honneur de nous lire.

La faveur avec laquelle notre première édition a été accueillie nous a engagé à en faire une nouvelle ; nous y avons ajouté de nouveaux documents, principalement en ce qui concerne l'arrondissement de Mortain.

Avant de commencer notre travail, posons ces deux principes : 1° *Les conventions font la loi des parties ; 2° On ne doit recourir aux usages locaux que lorsque la loi y renvoie ou lorsqu'elle est muette sur une question.*

DIVISIONS

Pour plus de clarté et pour faciliter les recherches, nous suivrons l'ordre des articles du Code civil. Nous examinerons donc successivement :

Usufruit des bois (art. 590, 591, 593).

Usage des eaux courantes (art. 644, 645).

Hauteur des clôtures (art. 663).

Distances à observer entre les héritages pour les plantations d'arbres à haute tige (art. 671).

Eaux pluviales (art. 681).

Constructions susceptibles par leur nature de nuire au voisin (art. 774).

Délais à observer pour les congés des locations ; durée des baux ruraux (art. 1736, 1738, 1757, 1758, 1759, 1774, 1775).

Réparations locatives (art. 1754, 1755).

Obligations du fermier entrant et du fermier sortant (art. 1777).

Saisie des récoltes en vert (art. 626 du Code de Procédure civile).

LES USAGES LOCAUX

DANS LA BASSE-NORMANDIE

et particulièrement dans les arrondissements

D'AVRANCHES & DE MORTAIN

Usufruit des Bois

Art. 590. — *Si l'usufruit comprend des bois taillis, l'usu-*
fruitier est tenu d'observer l'ordre et la quotité des coupes,
conformément à l'aménagement ou à l'usage constant des pro-
priétaires, sans indemnité toutefois en faveur de l'usufruitier
ou de ses héritiers pour les coupes ordinaires soit de taillis,
soit de baliveaux, soit de futaie qu'il n'aurait pas faites pen-
dant sa jouissance.

Les arbres qu'on peut tirer d'une pépinière sans la dégra-
der ne font aussi partie de l'usufruit qu'à la charge par l'usu-
fruitier de se conformer aux usages des lieux pour le rempla-
cement.

Art. 591. — *L'usufruitier profite encore, toujours en se*
conformant à l'usage des anciens propriétaires, des parties de
bois de haute futaie qui ont été mises en coupes réglées, soit
que ces coupes se fassent périodiquement sur une certaine
étendue de terrain, soit qu'elles se fassent d'une certaine quan-
tité d'arbres pris indistinctement sur toute la surface du
domaine.

Art. 593. — *Il peut prendre dans les bois des échalas pour*
les vignes; il peut aussi prendre sur les arbres des produits
annuels ou périodiques, le tout suivant l'usage du pays ou la
coutume des propriétaires.

L'usufruitier ne peut pas couper les bois quand il le veut,
et dans la prévoyance d'une extinction prochaine de l'usufruit il ne pourrait anticiper les coupes; s'il agissait ainsi, le

propriétaire aurait le droit de lui réclamer une indemnité proportionnée au dommage qu'il aurait causé.

Il doit exploiter de la même manière que le faisaient les propriétaires qui l'ont précédé; s'il n'existe pas d'aménagement ou s'il n'existait pas d'usage constant, l'usufruitier devrait exploiter selon l'usage des propriétaires du pays.

L'usage suivi en général dans l'arrondissement d'Avranches est de couper les bois taillis à l'âge de cinq à sept ans.

Dans les cantons d'Avranches et de Granville, la coupe a lieu tous les sept ans; dans celui de la Haye-Pesnel, tous les six ans.

Il est aussi d'usage d'émonder les arbres plantés sur les haies et fossés à chaque reprise de sarrasin. Les reprises ayant lieu ordinairement de cinq à sept ans, c'est donc de cinq à sept ans que les coupes doivent être faites. On y procède du 1er novembre au 31 mars.

L'usufruitier est dans une situation identique à celle dans laquelle se trouve le fermier, et il peut couper ou laisser couper par le fermier auquel il a loué, de la manière que nous venons de faire connaître.

A chaque coupe, il est obligé de laisser des baliveaux en quantité suffisante pour que la terre soit convenablement garnie d'arbres à haute tige.

Sur les arbres de haute futaie, l'usufruitier n'a, sauf pour les bois mis en coupes réglées, que le droit résultant des dispositions de l'article 592 du Code civil, qui porte : « Dans tous les autres cas, l'usufruitier ne peut toucher aux arbres de haute futaie; il peut seulement employer pour faire les réparations dont il est tenu les arbres arrachés ou brisés par accident, et peut même, pour cet objet, en faire abattre s'il est nécessaire, mais à la charge d'en faire constater la nécessité avec le propriétaire. »

Ainsi, les arbres de haute futaie appartiennent au propriétaire; l'usufruitier n'a pas même le droit de les élaguer; il ne peut pas y toucher, pour employer l'expression énergique du Code.

L'usufruitier a le droit de prendre dans les pépinières les arbres destinés à remplacer ceux de même espèce qui meurent, ou qui sont brisés, ou qui sont arrachés par accident sur les immeubles dont il a l'usufruit. Il n'est pas obligé de remplacer dans ces pépinières les jeunes sujets qu'il a transplantés, mais il est tenu de préparer et d'élever une autre pépinière pour remplacer celle dans laquelle il prend de jeunes arbres.

L'enlèvement des jeunes arbres des pépinières a lieu : pour les arbres forestiers, à six ans ; pour les arbres fruitiers : pommiers, poiriers, cerisiers et autres, de cinq à huit ans ; pour les arbres d'agrément, de quatre à cinq ans.

Le bois-jan se coupe tous les trois ans et le bois de cercles tous les six à huit ans, suivant le sol et sa nature végétative : plus tôt ou plus tard les souches dépérissent.

Dans l'arrondissement d'Avranches, la première coupe des épines se fait de cinq à sept ans.

Les ajoncs des haies et les joncières se coupent du 1ᵉʳ novembre au 15 janvier.

Les oseraies, les ajoncs destinés à la nourriture des chevaux, les joncs, ronces et bois courants sont coupés chaque année.

Dans l'arrondissement de Mortain, les châtaigneraies destinées à fabriquer les cercles sont coupées tous les neuf ans ; l'émondage a lieu tous les cinq ans.

L'usufruitier qui jouit de la coupe des haies doit réparer les fossés et contrebanquer le rejet ou masse. Il doit aussi laisser, en quantité suffisante, de jeunes branches pour remplacer par un marcottage les bois qu'il a détruits.

La même obligation existe pour le fermier à qui son bail accorde la coupe du bois. Il est obligé, de plus, de régler la dernière coupe de façon à laisser le scion sur la branche, c'est-à-dire de manière que les haies qu'il a coupées la dernière année aient au moins fait une pousse à l'époque de sa sortie.

Usage des Eaux courantes

Art. 644. — Celui dont la propriété borde une eau courante, autre que celle qui est déclarée dépendance du domaine public par l'article 538, au titre de la distinction des biens, peut s'en servir, à son passage, pour l'irrigation de ses propriétés.

Celui dont cette eau traverse l'héritage peut même en user dans l'intervalle qu'elle y parcourt, mais à la charge de la rendre, à la sortie de ses fonds, à son cours ordinaire.

L'article 644 n'a trait qu'aux eaux courantes, aux petites rivières et aux cours d'eau ne dépendant pas du domaine public.

S'il s'agit d'une petite rivière, le propriétaire riverain peut user de l'eau d'une façon plus ou moins large, selon que sa propriété est traversée ou seulement bordée par le cours d'eau.

La rivière borde-t-elle seulement une propriété, le propriétaire ne peut pas la détourner et en priver les propriétés qui sont en face. Si l'eau, au contraire, traverse une propriété, celui qui la possède est seul propriétaire de l'eau et peut en disposer à son gré, pourvu qu'il la transmette aux fonds inférieurs.

Telle est la règle générale ; mais, dit l'article 645 du Code civil : *S'il s'élève une contestation entre les propriétaires auxquels ces eaux peuvent être utiles, les tribunaux, en prononçant, doivent concilier l'intérêt de l'agriculture avec le respect dû à la propriété, et, dans tous les cas, les règlements particuliers et locaux sur le cours et l'usage des eaux doivent être observés.*

Dans l'arrondissement d'Avranches, l'irrigation commence, en général, le 1ᵉʳ décembre et finit le 15 mars ; dans le canton de Saint-James, elle se termine le 15 avril.

Dans le Mortainais, elle a lieu du 1ᵉʳ août au 1ᵉʳ avril de l'année suivante.

Pour pratiquer l'irrigation, les riverains sont presque toujours obligés de faire un barrage pour forcer l'eau à monter sur le fond, et, après s'en être servis, ils la transmettent au voisin, qui lui-même la remet à un autre, et ainsi de suite. Ce mode d'irrigation est absolument défectueux : en effet, lorsque les eaux sont insuffisantes ou peu abondantes, ce qui arrive bien souvent, le premier riverain n'en souffre pas ou, du moins, n'en souffre guère, mais il ne transmet à son voisin qu'un volume d'eau moindre que celui qu'il a reçu, et son voisin, de son côté, en transmet une quantité encore moindre, en sorte que les derniers ne reçoivent rien ou à peu près.

Un arrêté du préfet de la Manche, du 26 novembre 1878, décide, dans l'article 5 : *Aucun barrage, aucune plantation, aucun ouvrage permanent ou temporaire, de nature à modifier le régime des eaux, ne peut être établi ou réparé sur un cours d'eau sans l'autorisation du préfet* (cours d'eau navigables ou flottables).

Cet arrêté est très explicite, le régime des eaux ne peut être modifié par le bon plaisir ou l'intérêt d'un particulier.

Le droit du riverain d'user des eaux pour l'irrigation ne se perd pas par le non-usage pendant trente ans, si durant ce temps la nature de la culture lui rendait les eaux inutiles.

Le pouvoir accordé aux tribunaux de régler entre riverains la jouissance des eaux dans leur intérêt privé implique nécessairement celui de prescrire la confection d'ouvrages destinés à assurer à chacun la *jouissance de son droit*.

Rouissage des Lins et des Chanvres

En ce qui concerne le rouissage, les ayants-droit ne peuvent rouir que le lin et le chanvre excrus sur la propriété pour laquelle ce droit est établi.

Le droit de rouir à un routoir n'entraîne pas celui de faire sécher les lins et les filasses sur le terrain de celui sur lequel est établi ce routoir.

Nul n'a le droit, sans l'autorisation de tous les intéressés, de permettre à un tiers de rouir ses lins et filasses au routoir commun.

Il est interdit d'une façon absolue de faire rouir dans les
eaux courantes, les étangs, les fontaines, les abreuvoirs. Les
lins et les chanvres doivent être disposés dans les mares ou
douves qui n'ont aucune communication avec d'autres eaux
courantes ou destinées aux besoins de l'homme et des animaux.

Le droit d'user d'un lavoir ou douet commun n'est pas
limité ; s'il y avait quelque contestation sur l'exercice du
droit, il appartiendrait au juge de paix de statuer et de faire
un règlement entre les ayants droit.

L'expression *communauté d'eaux*, employée dans de vieux
titres, doit s'entendre d'une simple servitude de puisage et
non d'une co-propriété du puits ou de la fontaine ; cette
expression indique que ce sont les eaux seulement que l'on
a entendu mettre en commun et non la fontaine ou le puits
les renfermant (*Tribunal d'Avranches, 2 mars 1894*, H.
contre D.).

Hauteur des Clôtures

Art. 663. — Chacun peut contraindre son voisin, dans les villes et faubourgs, à contribuer aux constructions et réparations de la clôture faisant séparation de leurs maisons, cours et jardins assis ès-dites villes et faubourgs ; la hauteur de la clôture sera fixée suivant les règlements particuliers ou les usages constants et reconnus, et, à défaut d'usages et de règlements, tout mur de séparation entre voisins, qui sera construit ou établi à l'avenir, doit avoir au moins trente-deux décimètres (dix pieds) de hauteur, compris le chaperon, dans les villes de cinquante mille âmes et au-dessus, et vingt-six décimètres (huit pieds) dans les autres.

La clôture forcée n'existe que pour les villes et faubourgs. C'est à l'autorité administrative qu'il appartient de déclarer si une commune constitue une ville ; c'est la même autorité qui détermine les limites des faubourgs de la ville.

Les parties intéressées peuvent, par des conventions particulières, déroger aux dispositions de l'article 663.

Dans l'arrondissement d'Avranches, les mesures indiquées par le Code sont généralement suivies dans les villes et les faubourgs.

A Granville, les murs de clôture ont ordinairement une hauteur de trois mètres, y compris le chaperon.

Quand on construit la côtière d'un bâtiment près d'un terrain voisin et que les eaux du comble doivent tomber sur ce terrain, il est d'usage de laisser en dehors de la côtière un espace d'une largeur double de la saillie du larmier pour porter les eaux.

Dans les communes rurales du canton de Granville, les murs de clôture ont une hauteur variant de deux mètres à deux mètres soixante-six centimètres.

Dans les campagnes de l'Avranchin, les clôtures sont, en général, en masses de terre improprement appelées fossés; ces masses de terre ont une hauteur de un mètre soixante-six centimètres, conformément à l'article 10 du règlement du 10 août 1751.

Il existe aussi des haies vives, c'est-à-dire des haies d'épines ou de charmille dont la hauteur tolérée est également de un mètre soixante-six centimètres.

Le propriétaire des haies ne peut les détruire qu'en prévenant son voisin trois mois à l'avance. Ce travail ne peut être exécuté que du 1er novembre au 25 décembre (*Règlement du 17 août 1751*).

La haie doit être entretenue jusqu'à la destruction.

A Saint-Hilaire-du-Harcouët, les murs de clôture ont quarante centimètres d'épaisseur.

La signification de déclôture peut être faite par ministère d'huissier ou, plus simplement, par lettre recommandée.

Distance à observer

ENTRE LES HÉRITAGES POUR LES PLANTATIONS D'ARBRES A HAUTE TIGE

Art. 671. — Il n'est permis d'avoir des arbres, arbrisseaux et arbustes près la limite de la propriété voisine qu'à la distance prescrite par les règlements particuliers actuellement existants ou par des usages constants ou reconnus ; et, à défaut de règlements et usages, qu'à la distance de deux mètres de la ligne séparative des deux héritages pour les plantations dont la hauteur dépasse deux mètres et à la distance d'un demi-mètre pour les autres plantations.

Les arbres, arbrisseaux et arbustes peuvent être plantés en espalier de chaque côté du mur séparatif, sans que l'on soit tenu d'observer aucune distance, mais ils ne peuvent dépasser la crête du mur.

Si le mur n'est pas mitoyen, le propriétaire seul a le droit d'y appuyer ses espaliers.

Le texte de l'article 671 (loi du 20 août 1881) supprime la distinction que le Code faisait entre les arbres à haute et à basse tige et consacre, en ce qui concerne les espaliers, un point constant en jurisprudence.

Il résulte de la discussion de la loi que la distinction entre les arbres de haute et basse tige n'est supprimée que là où elle ne constitue pas un usage local ; aussi croyons-nous devoir reproduire l'ancien texte :

Il n'est permis de planter des arbres de haute tige qu'à la distance prévue par les règlements particuliers actuellement existants ou par des usages constants et reconnus, et, à défaut des règlements et usages, qu'à la distance de deux mètres de la ligne séparative des deux héritages pour les arbres à haute tige et à la distance d'un demi-mètre pour les autres arbres et haies vives.

Cette prescription de l'article 671 a été faite dans l'intérêt de l'agriculture, qui exige que les propriétaires ne puissent se nuire réciproquement.

La plantation d'arbres dépassant la hauteur de deux mètres sur la ligne séparative des champs est une cause de gêne, aussi chacun est obligé de ne planter des arbres qu'à la distance fixée dans chaque localité, soit par des usages constants, soit par des règlements ; à défaut de ces usages, l'article 671 indique les distances à observer.

Est-il besoin de faire remarquer que les règlements, les usages ou les dispositions de la loi s'appliqueraient aux arbres croissant naturellement, la gêne qu'ils produiraient étant la même que celle causée par les arbres plantés.

Le voisin a le droit d'exiger l'enlèvement des arbres plantés ou excrus naturellement à la distance moindre que celle indiquée par l'usage ou les règlements, et sans qu'il y ait à distinguer le cas où les plantations causent du préjudice et celui où elles n'en causent pas.

Si les arbres existaient depuis plus de trente ans, leur propriétaire pourrait les conserver, ayant acquis ce droit par prescription, mais nous pensons qu'une fois abattus il ne saurait les remplacer. Le propriétaire a bien, en effet, prescrit le droit de conserver des arbres existants, mais il n'a pas acquis le droit de posséder, à perpétuité, des arbres, contrairement à l'usage et aux règlements.

La prescription commence à courir du jour de la plantation de l'arbre, à moins que cette plantation n'ait été cachée au voisin par une construction ou un accident de terrain ; dans ce cas, la prescription ne courrait que du jour où le voisin en aurait eu connaissance.

La Cour de Caen a décidé, par un arrêt du 19 février 1859, que la défense portée par l'article 671 s'applique même au cas où un mur de clôture est séparatif de deux propriétés.

Le règlement du 17 août 1751 a toujours été en vigueur dans l'arrondissement d'Avranches, et la distance de sept pieds (deux mètres trente-trois centimètres) a toujours été observée. Le voisin peut donc faire arracher tous les arbres âgés de moins de trente ans, et ceux dont il n'aurait connu l'existence que depuis moins de trente ans, plantés à une moindre distance que celle que nous venons d'indiquer.

L'enlèvement des arbres doit avoir lieu au cours des mois de *novembre* et de *décembre*.

Les arbustes doivent être plantés à *cinquante centimètres* de la propriété voisine.

Fossés et Haies vives

Les haies vives doivent être plantées à *un pied et demi* (*cinquante centimètres*) du terrain voisin, conformément à l'article 10 du règlement de 1751, qui est toujours en vigueur.

Quant aux fossés, ainsi improprement appelés, qui, en réalité, sont des clôtures en terre, la distance à observer est la même ; la répare dans les terres en labour, dans les vergers, les jardins et les prés ne doit être que de cinquante centimètres et la profondeur d'environ quarante centimètres.

L'herbe recouvrant le terrain délaissé du côté du voisin par le propriétaire de la haie est habituellement dépouillée par les bestiaux du voisin, qui doit toutefois veiller à ce que ses animaux ne fassent pas de dégâts aux plantations.

Le propriétaire de la haie ou fossé a le droit de passer sur l'espace réservé chez son voisin pour entretenir cette haie et la tailler.

La réfection a lieu ordinairement en hiver, de janvier à mars, c'est-à-dire à une époque où les travaux ne peuvent être dommageables.

Quelquefois les propriétés ne sont pas divisées par des haies ; elles sont alors partagées par des palissades ou de simples bornes en pierre.

Ce mode de division ou de clôture est usité dans les terrains qui bordent le rivage de la mer et là où les arbres et les arbustes ne peuvent vivre que difficilement. Les palissades ou haies sèches sont plantées sur la ligne séparative des propriétés. Cette clôture se fait avec des pierres ou des poteaux fixés en terre, ou avec des branches entrelacées, ou avec des planches clouées. La hauteur de ces pieux, planches ou poteaux est de un mètre vingt centimètres environ.

Depuis quelques années, on se sert de ronces artificielles,
fils de fer cordés portant de distance en distance de petits
piquants de fer galvanisé. Ces ronces remplacent avantageu-
sement les palissades, mais elles ont besoin d'être tendues
souvent et fortement.

Pour toutes ces clôtures, le droit de répare n'existe point.

Bornage des Propriétés

D'après les dispositions de l'article 646 du Code civil, tout
propriétaire peut obliger son voisin au bornage de leurs propriétés contiguës : le bornage se fait à frais communs. Il
résulte de ces dispositions que nul n'a le droit de s'opposer
à la délimitation de propriétés contiguës. La Cour de cassa-
tion a décidé, par un arrêt du 20 juin 1855 (Petit contre Col-
bert. Dalloz, 1856, 1.312), qu'en matière de bornage on peut
mettre en cause les propriétaires de terrains non contigus à
celui du demandeur. Si donc le juge de paix, seul compétent
en pareille matière, reconnaît que l'opération du mesurage
et du bornage ne peut se faire isolément et qu'il est nécessaire de l'étendre à tous les terrains compris dans le même
tènement, il peut ordonner d'office la mise en cause de tous
les propriétaires de ces terrains.

Nous avons dit que le juge de paix était seul compétent en
matière de bornage ; mais, s'il y avait contestation sur la
propriété, ce magistrat devrait renvoyer d'office les parties
devant le Tribunal civil.

Le bornage se fait à frais communs, c'est-à-dire que les
parties doivent payer chacune la moitié des frais, quelle que
soit l'importance des propriétés dont le bornage est effectué.

Voyons maintenant comment on procède au bornage.

Quand on veut délimiter une propriété avec des bornes,
on place à chacune des extrémités du terrain qu'il s'agit de
délimiter une pierre longue dont le sommet doit émerger
du sol de manière à fixer la démarcation au moyen d'une
ligne droite fixée d'une borne à l'autre ; on place une ou plusieurs bornes, selon l'étendue du terrain, entre celles placées

aux deux extrémités, de façon que si une borne venait à disparaître on puisse facilement retrouver la trace des limites des deux propriétés.

Pour ne pas commettre d'erreurs et pour éviter de confondre une pierre ordinaire avec une borne, on place de chaque côté du pied de la borne deux morceaux d'une pierre ou d'une brique cassée qui, lorsqu'on les rapproche, doivent s'adapter parfaitement de manière à reconstituer la pierre ou la brique primitives. On appelle ces pierres : *des témoins.*

Pour points de repère, on prend autant que possible des objets qui ne doivent pas changer de place, comme un mur, un puits, un ruisseau, un gros arbre, etc., et, dans le procès-verbal qui est dressé entre les parties intéressées, on indique la distance à laquelle se trouvent les bornes des points de repère.

L'épine noire et les bois blancs, qui sont susceptibles de se déplacer, ne sont jamais pris comme points de repère.

Il existe une autre manière de délimiter les propriétés : c'est de les entourer de fossés. Les fossés sont en général d'une largeur de cinquante centimètres ; la profondeur varie suivant la quantité d'eau qu'ils sont appelés à contenir. Ils sont quelquefois plus larges ; cela dépend de la nature du terrain. Plus le terrain est humide, plus les fossés doivent être profonds et larges.

Le curage a lieu l'hiver, par les soins du propriétaire ou du locataire. La terre est rejetée sur le terrain du propriétaire du fossé ; s'il est mitoyen, le rejet a lieu des deux côtés sur le bord même.

Dans certaines communes de l'arrondissement d'Avranches, il existe des fossés dont la largeur moyenne est de *deux mètres cinquante centimètres.* Ces fossés prennent le nom de *douves.* On en trouve notamment dans les cantons de Pontorson et de Sartilly.

Le curage a lieu aux époques indiquées par les arrêtés préfectoraux, et une contravention est relevée à la charge de ceux qui ne procèdent pas en temps voulu au curage de ces douves.

Ce travail est effectué en mars ou avril, c'est-à-dire à une époque où les eaux qui couvrent ordinairement les terrains environnants pendant l'hiver se sont retirées. La pêche est formellement interdite pendant le curage.

Barrières

L'entrée des champs est close par une barrière suspendue à un poteau fixé en terre. La barrière doit être installée de façon à ce que l'ouverture ait lieu du côté du propriétaire. Très souvent, la barrière est fixée dans le tronc d'un arbre qui sert de poteau ; dans ce cas, l'arbre ne peut être abattu, et, si le propriétaire l'abattait, il serait obligé de fournir au propriétaire de la barrière un poteau pour remplacer l'arbre.

Celui qui clôt son champ d'une barrière peut établir le poteau de recette dans la répare du terrain voisin et continuer sa clôture, pourvu qu'elle soit en bois mort ou en terre, jusqu'à la haie du voisin.

Pour en terminer sur ce point, rappelons que l'article 456 du Code pénal édicte :

Quiconque aura en tout ou partie comblé des fossés, détruit des clôtures, de quelques matériaux qu'elles soient faites, coupé ou arraché des haies vives ou sèches ; quiconque aura déplacé ou supprimé des bornes ou pieds corniers (1) ou autres arbres plantés ou reconnus pour établir les limites entre différents héritages, sera puni d'un emprisonnement qui ne pourra être au-dessous d'un mois ni excéder une année, et d'une amende égale au montant des restitutions et des dommages-intérêts qui, dans aucun cas, ne pourra être au-dessous de vingt-cinq francs.

Ajoutons que cet article s'applique au bris d'une porte et même d'un carreau, et que le simple fait de dépendre une barrière et de la déplacer sans la détériorer ou la briser tombe sous l'application de l'article que nous venons de citer.

---

1. On appelle *pieds corniers* les vieilles souches d'épine, d'érable ou de chêne provenant d'une ancienne haie.

Eaux Pluviales

Égout des Toits

Art. 681. — *Tout propriétaire doit établir des toits de manière que les eaux pluviales s'écoulent sur son terrain ou sur la voie publique ; il ne peut les faire verser sur les fonds de son voisin.*

Celui qui veut établir un larmier doit laisser entre son héritage et celui de son voisin un espace suffisant pour recevoir les eaux du toit et disposé de manière qu'elles ne coulent pas sur le terrain voisin.

En Normandie, on a décidé que cet espace devait être de dix pouces au moins (*vingt-sept centimètres*). (Arrêt de la Cour de Caen du 6 janvier 1820.)

Constructions

SUSCEPTIBLES PAR LEUR NATURE DE NUIRE AU VOISIN

Art. 774. — Celui qui fait creuser un puits ou une fosse d'aisances près d'un mur mitoyen ou non;

Celui qui veut y construire cheminée ou âtre, forge, four ou fourneau;

Y adosser une étable;

Ou établir contre ce mur un magasin de sel ou de matières corrosives,

Est obligé de laisser la distance prescrite par les règlements et usages particuliers sur ces objets, ou à faire les ouvrages prescrits par les mêmes règlements et usages pour éviter de nuire au voisin.

Fosses d'Aisances

L'article 613 de la *Coutume de Normandie* dit :

Contre mur mitoyen, aucun ne peut faire chambre aisée ou citerne, sinon en faisant bâtir contre-mur de trois pieds d'épais en bas et au-dessous du rez de terre à pierres, chaux et sable, tout à l'entour de la fosse destinée aux dites chambres ou citernes.

Jusqu'à ce jour, on s'est, le plus souvent, conformé aux prescriptions de cet article; mais, depuis quelques années, on ne les suit plus rigoureusement.

Lorsque le législateur a édicté les prescriptions que nous venons de citer, on ne possédait pas les matériaux que l'on a aujourd'hui. En prescrivant l'établissement du contre-mur de trois pieds d'épaisseur, on voulait empêcher les infiltrations des urines, des matières fécales, sur la propriété des voisins. Ce but n'était pas atteint, car les matières passaient en quantité plus ou moins grande, le fond des fosses n'étant pas étanche.

Aujourd'hui que l'on peut se procurer du bon ciment, il est facile de rendre complètement étanches les fosses d'aisances en construisant un contre-mur de quarante à cinquante centimètres d'épaisseur avec un enduit de douze à quinze millimètres, et en faisant un radier au fond de la fosse en béton et chaux hydraulique recouvert d'une couche de ciment de quinze à vingt millimètres d'épaisseur.

Dans ces conditions, la fosse sera complètement étanche et elle sera établie dans des conditions autrement meilleures que celles indiquées dans l'article 613 de la *Coutume de Normandie*. Le but du législateur sera atteint et les voisins ne sauraient se plaindre de l'établissement de fosses d'aisances dans les conditions que nous venons d'indiquer.

On ne peut établir de fosses d'aisances à moins de trois mètres d'un puits.

L'entretien, les réparations, la reconstruction et la vidange d'une fosse d'aisances incombent à tous les intéressés. Il n'y a point à avoir égard à la différence d'importance des maisons ayant droit à la fosse, pas plus qu'au nombre des personnes habitant chaque maison.

S'il n'y a convention contraire et si la disposition du lieu le permet, chacun des intéressés doit, à son tour, souffrir dans sa propriété l'inconvénient de la vidange.

L'exercice de la servitude d'aisances ne doit pas faire l'objet d'un règlement, étant susceptible d'avoir lieu à toute heure de jour et de nuit. Toutefois, les ayants droit doivent, à chaque passage, prendre soin de fermer la porte à clef et de n'exercer aucune vexation.

C'est au propriétaire de la fosse de fournir une clef à chacun des ayants droit.

Forges, Fours et Fourneaux

En ce qui concerne les forges, fours et fourneaux, on a toujours suivi les prescriptions de l'article 614 de la *Coutume de Normandie*, ainsi conçu :

Qui veut faire forge, fourneau contre le mur métoien doit laisser demi-pied de vide d'intervale entre deux du mur, four ou forge, et doit être le dit mur d'un pied d'épaisseur, et sera ledit mur de pierre, brique ou moelon.

Cheminées

Pour les cheminées et enfoncements dans le mur mitoyen, l'article 611 de la même Coutume est resté en vigueur :

De tout mur métoien, chacun des voisins auquel il appartient peut s'aider et percer le dit mur tout outre pour asseoir des poutres et sommiers en bouchant les portes, même pour asseoir les courges et consoles des cheminées à fleur du dit mur ; et est tenu en édifiant le tuiau ou canal de la dite cheminée laisser la moitié du dit mur entier et quatre pouces en outre pour servir de contre-feu. Et ne pourra le voisin mettre aucuns sommiers contre ni à l'endroit de la dite cheminée qui aura été premièrement bâtie.

Etables, Écuries
Retraites à Moutons et à Porcs

Celui qui veut construire contre un mur, mitoyen ou non, une écurie, une étable, une retraite à animaux, doit faire établir un contre-mur de vingt-cinq à trente centimètres au moins jusqu'à une hauteur d'un mètre au-dessus du sol. Si, malgré ce contre-mur, il existait des infiltrations, le propriétaire voisin pourrait exiger l'exécution des travaux nécessaires pour empêcher ces infiltrations.

Dans le canton de Granville, le contre-mur des étables doit avoir vingt-deux centimètres d'épaisseur du sol à la mangeoire, avec une fondation de trente-trois centimètres si l'étable est pavée, et de un mètre si elle ne l'est pas.

Dans le canton de Saint-James, l'usage veut que le contre-mur soit établi en pierres, chaux et sable, sur une épaisseur de trente-trois centimètres. Si des mangeoires sont établies contre ce mur, on doit élever le contre-mur à un mètre et demi.

Dans le canton de Ducey, le contre-mur doit avoir vingt-un centimètres d'épaisseur jusqu'à la hauteur de un mètre.

En résumé, le contre-mur doit être établi de façon qu'aucune infiltration ne passe sur le terrain voisin.

Magasins à Sel

Pour les magasins à sel, l'usage exige un contre-mur jusqu'à la hauteur qu'atteignent les matières déposées.

Puits, Puisage

Pour les puits, on laisse entre le terrain voisin et la partie intérieure du puits un intervalle de un mètre.

Quand le titre de la servitude de puisage n'en indique pas le mode, le débiteur n'est obligé à quoi que ce soit pour l'usage de la servitude. Il doit seulement fournir un chemin d'une largeur de un mètre trente-trois centimètres. (Arrêt de la Cour de Caen du 28 août 1846.)

La *Coutume de Normandie* autorise le débiteur à fermer sa propriété, à charge de donner une clef à chacun des ayants droit à la servitude de puisage.

L'entretien du chemin est à la charge du créancier de la servitude, qui doit aussi se fournir de tout ce qui est nécessaire pour exercer le puisage : cordes, crochets, doubles grappins, etc...

Il ne doit user de la servitude que dans l'intérêt du fonds pour lequel elle a été créée.

Le créancier de la servitude peut en user par lui-même, par sa famille ou ses domestiques, mais il n'a que le droit de passer pour aller au puits.

Passages

La largeur d'un passage avec voitures ou à tous usages et nécessités est de deux mètres soixante-six centimètres ; celle du passage à somme est de un mètre trente-trois centimètres, et celle du passage à pied de soixante-six centimètres.

Celui qui doit un passage sur un pré coupe son foin en temps utile, c'est-à-dire à la Saint-Jean-Baptiste (24 juin), pour que celui qui a le droit d'exercer ce passage puisse lui-même enlever et faire passer son foin en temps utile.

Si l'entrée du passage n'est pas entourée de clôtures, celui qui exerce le passage doit éviter de commettre des dégâts sur le fonds servant. Il est donc prudent qu'il conduise ses bestiaux au lien.

S'il y a des barrières, le créancier de la servitude doit les ouvrir et les fermer chaque fois qu'il passe.

Cour Commune

Chacun des propriétaires d'une cour commune peut y déposer temporairement tout ce qui est nécessaire à son usage et à celui de sa maison ; il peut aussi y déposer, mais pour très peu de temps, le fumier des écuries et étables donnant sur cette cour ; il doit l'enlever d'urgence.

Chacun des propriétaires peut aussi y faire séjourner des voitures pendant le temps nécessaire pour charger ou décharger les produits de sa culture ou de son industrie ; d'établir, sans aucune observation de distance, des portes, des fenêtres, à la condition de ne pas nuire aux autres ayants droit.

Délais à observer

POUR LES CONGÉS DES LOCATIONS

Baux

Durée des baux. — **Date de l'entrée en jouissance.** — **Date du paiement des loyers.** -- **Époque à laquelle les congés doivent être donnés.**

Art. 1736. — Si le bail a été fait sans écrit, l'une des parties ne pourra donner congé à l'autre qu'en observant les délais fixés par l'usage des lieux.

Art. 1738. — Si, à l'expiration des baux écrits, le preneur reste et est laissé en possession, il s'opère un nouveau bail dont l'effet est réglé par l'article relatif aux locations faites sans écrit.

Art. 1774. — Le bail, sans écrit, d'un fonds rural est censé fait pour le temps qu'il est nécessaire, afin que le preneur recueille tous les fruits de l'héritage affermé.

Ainsi, le bail à ferme d'un pré ou de tout autre fonds dont les fruits se recueillent en entier dans le cours de l'année est censé fait pour un an.

Le bail des terres labourables, lorsqu'elles se divisent par *soles* ou *saisons* est censé fait pour autant d'années qu'il y a de soles.

Art. 1775. — Le bail des héritages ruraux, quoique fait sans écrit, cesse de plein droit à l'expiration du temps pour lequel il est censé fait selon l'article précédent.

Pour les maisons, lorsqu'il n'y a pas de bail écrit, la location est réputée faite pour une année commençant à la Saint-Michel (29 septembre) et finissant à pareille époque l'année suivante ; mais, si le propriétaire ou le locataire ne se donnent pas congé dans les délais que nous allons indiquer ci-après, la location continue de droit pour une autre année.

Le paiement des loyers a lieu généralement par moitié, à Pâques et à la Saint-Michel.

Observons ici que, par suite des variations du jour de Pâques, l'époque du paiement peut se trouver avancée ou reculée du 23 mars au 25 avril, dates extrêmes de la célébration de cette fête.

Congés

S'il s'agit d'une maison entière, les congés doivent se donner avant Pâques ou avant le 1er avril, selon que cette fête a lieu avant ou après cette date.

Pour une partie de maison, le congé doit être donné avant la Saint-Jean, c'est-à-dire avant le 24 juin.

Il s'agit ici de baux verbaux, car, lorsqu'il y a bail écrit, il ne saurait y avoir de difficultés, la location cesse à l'époque indiquée dans le bail.

Pour une terre entière, s'il n'existe pas de bail, la location est réputée faite pour autant d'années qu'il y a de *reprises*, et, comme ces reprises varient de quatre à sept ans le plus ordinairement, la location est faite pour quatre, cinq, six ou sept années.

Il en est de même pour les pièces de terre en labour.

Pour un verger, un jardin légumier, un pré dont les recoltes sont faites annuellement, la location a une durée d'une année.

En ce qui concerne les terres entières, l'usage est de donner congé au moins une année à l'avance, sinon il y a lieu à tacite reconduction, c'est-à-dire que le bailleur et le locataire sont censé avoir accepté une nouvelle location dont l'effet est celui des baux verbaux.

L'usage est le même s'il s'agit de pièces de terre en labour dans lesquelles on fait diverses cultures et divers assolements.

Pour les vergers, légumiers et prés, les congés doivent être donnés six mois avant l'expiration du bail.

En cas de tacite reconduction, le délai pour donner congé est le même que celui que nous venons d'indiquer.

Si, à l'expiration du bail écrit, le locataire reste dans l'immeuble, et si le propriétaire prétend qu'il n'y est resté que par tolérance, la question devra être soumise au Tribunal, qui appréciera les faits.

Il est utile de noter que les congés pour les biens ruraux ne sont nécessaires que dans les baux faits pour plusieurs périodes et lorsqu'on veut les faire cesser à l'expiration de l'une des premières périodes ; mais, dans le cas où le bail finit par l'expiration du temps fixé soit par l'usage des lieux, soit par le bail écrit, aucun congé n'est nécessaire, le bail finit de plein droit par l'expiration du temps pour lequel il avait été contracté. (Art. 1745, Code civil.)

Paiement des Fermages

Pour les terres et fermes, le paiement des fermages a lieu à Noël (25 décembre) et à la Saint-Jean-Baptiste (24 juin) après jouissance, de sorte qu'à l'expiration du bail il reste une année dite arriérée ou traînante que le fermier doit payer avant de quitter la ferme, à moins qu'il ne fournisse bonne et valable caution agréée par le propriétaire.

Le paiement des loyers des jardins, vergers et prés se fait à Pâques et à la Saint-Michel, après l'entrée en jouissance.

Ici se place une observation très importante. En cas de vente d'un immeuble loué, l'ancien propriétaire ne saurait saisir, gager les meubles qui formaient son gage pour avoir paiement de loyers qui lui seraient dus avant la vente.

Ainsi l'a jugé notamment le Tribunal d'Avranches dans les termes suivants :

« Attendu que les héritiers M... ont fait procéder à des saisies-gageries sur les meubles appartenant aux époux D... répostés dans la ferme des Verdières, acquise par X..., alors qu'ils n'étaient plus propriétaires de ladite ferme des Verdières ; que les époux D... prétendent que ces saisies sont radicalement nulles ;

« Attendu que le propriétaire ou le principal locataire actuel a seul le droit de faire pratiquer une saisie-gagerie, puisque seul il a sous la main les meubles formant son gage ; qu'on ne saurait admettre qu'un immeuble puisse être possédé à la fois par deux propriétaires différents ; qu'il est évident qu'entre le propriétaire actuel et le propriétaire ancien le droit d'exercer la saisie-gagerie appartient à celui qui a la possession ; que dès lors ce droit ne saurait être le privilège de l'ancien propriétaire. » (*Tribunal d'Avranches, 13 juillet 1893*, demoiselle M. contre époux D.)

Quand le congé est notifié ou quand la vente d'un immeuble loué est annoncée, le locataire ou fermier doit laisser visiter la maison ou la ferme par les amateurs qui se présentent, et ce à peine de dommages-intérêts en cas de refus. Toutefois, afin d'éviter une gêne trop grande au locataire, on peut, d'accord avec lui, fixer les jours et heures pendant lesquels la visite aura lieu.

Un locataire ou fermier qui, de parti pris, dénigrerait la maison ou la ferme pourrait être passible de dommages-intérêts en vertu des dispositions de l'article 1382 du Code civil ; mais il peut fournir des renseignements, pourvu qu'il ne les donne pas dans le but de nuire au propriétaire et d'empêcher la location.

Enregistrement des Baux

Les baux, qu'ils soient écrits ou verbaux, doivent être enregistrés dans les trois mois de leur date.

L'article 11 de la loi du 23 août 1871 est ainsi conçu :

« Lorsqu'il n'existe pas de conventions écrites constatant une mutation de jouissance de biens immeubles, il est suppléé par des déclarations et estimations dans les trois mois de l'entrée en jouissance ; si la location est faite suivant l'usage des lieux, la déclaration en contiendra la mention. Les droits d'enregistrement deviendront exigibles dans les vingt jours qui suivront l'échéance de chaque terme et la perception en sera continuée jusqu'à ce qu'il ait été déclaré que le bail a cessé ou qu'il a été résilié. »

En cas de déclaration insuffisante, il sera fait application des articles 19 et 39 de la loi du 22 Frimaire an VII, c'est-à-dire que, le cas échéant, il y aura lieu à expertise et au paiement d'un droit en sus. La déclaration doit être faite par le preneur ou à son défaut par le bailleur.

Ne sont pas assujetties à la déclaration les locations verbales ne dépassant pas trois ans et dont le prix annuel n'excède pas cent francs. Toutefois, si le même bailleur a consenti plusieurs locations verbales de cette catégorie, mais dont le prix cumulé excède cent francs annuellement, il sera tenu d'en faire la déclaration et d'acquitter personnellement et sans recours les droits d'enregistrement. Si le prix de la location verbale est supérieur à cent francs, sans excéder trois cents francs annuellement, le bailleur sera également tenu d'en faire la déclaration et d'acquitter les droits exigibles, sauf son recours contre le preneur, qui sera dispensé dans ce cas de la formalité de la déclaration.

Si le bail est de plus de *trois ans,* et si les parties le requièrent, le montant du droit pourra être fractionné en autant de paiements égaux qu'il y aura de périodes triennales dans la durée du bail; le paiement des droits afférents à la première période sera seul acquitté lors de l'enregistrement de la déclaration, et celui des périodes subséquentes aura lieu dans le premier mois de l'année qui commencera chaque période.

L'article 6 de la loi du 28 février 1872 dispose que les obligations imposées au preneur, dans le cas de location verbale, par l'article 11 de la loi du 23 août 1871, seront accomplies à l'avenir par le bailleur, qui sera tenu du paiement des droits, sauf son recours contre le preneur; néanmoins, les parties resteront solidaires pour le recouvrement du droit simple.

Appartements Meublés

La location pour les appartements meublés est le plus généralement d'une durée d'*un mois.* Le congé se donne quinze jours à l'avance, et le paiement a lieu à la fin de chaque mois.

Art. 1757. — *Le bail des meubles fournis pour garnir une maison entière, ou corps de logis entier avec boutique ou tous autres appartements, est censé fait pour la durée ordinaire*

*des baux de maisons, corps de logis, boutiques ou autres appar-
tements, selon l'usage des lieux.*

*Art. 1758. — Le bail d'un appartement meublé est censé fait
à l'année quand il a été fait à tant par mois, au jour s'il a été
fait à tant par jour; si rien ne constate que le bail est fait à
tant par an, par mois, par jour, la location est censée faite
suivant l'usage des lieux.*

*Art. 1759. — Si le locataire d'une maison ou d'un apparte-
ment continue sa jouissance après l'expiration du bail écrit,
sans opposition de la part du bailleur, il sera censé les occuper aux mêmes conditions pour le terme fixé par l'usage des
lieux et ne pourra plus en sortir ni être expulsé qu'après un
congé donné suivant le délai fixé par l'usage des lieux.*

Ces trois derniers articles n'ont pas besoin de commen-
taire. L'article 1759 n'est, pour ainsi dire, que la reproduc-
tion de l'article 1738, en tant qu'il s'agit de baux de maisons.
Au cas où il aurait été convenu dans le contrat de louage
que le bailleur pourrait venir occuper la maison, il est tenu
de signifier un congé aux époques déterminées par l'usage
des lieux.

Dans notre ancien droit, il était loisible au bailleur d'ex-
pulser son locataire s'il venait habiter la maison lui-même.
Le Code civil n'a pas consacré un pareil privilège, et le bailleur
ne peut pas pour cette cause résilier le contrat de louage à
moins de convention contraire. Si cette convention existe, le
bailleur peut toujours en user, mais il doit, pour avertir son
locataire, suivre les délais fixés dans les usages locaux.

Remarquons que, si le bailleur n'expulsait le locataire —
prétextant qu'il va occuper la maison lui-même — que pour
faire profiter un tiers de sa maison, il aurait commis un
quasi-délit le rendant passible de dommages-intérêts envers
le locataire évincé.

Les règles ci-dessus indiquées sont applicables au cas où
le bailleur se serait réservé, en cas de vente de l'immeuble,
le droit de donner congé au locataire.

Réparations Locatives

Art. 1754. — Les réparations locatives ou de menu entretien dont le locataire est tenu, s'il n'y a clause contraire, sont celles désignées comme telles par l'usage des lieux et entre autres les réparations à faire :

« Aux âtres, contre-cœurs, chambranles et tablettes de cheminées ;

« Au récrépiment du bas des murailles des appartements et autres lieux d'habitation à la hauteur d'un mètre ;

« Aux pavés et carreaux des chambres, lorsqu'il y en a seulement quelques-uns de cassés ;

« Aux vitres, à moins qu'elles ne soient cassées par la grêle ou autres accidents extraordinaires de force majeure dont le locataire ne peut être tenu ;

« Aux portes, croisées, planches de cloison ou de fermeture de boutiques, gonds, targettes et serrures. »

Art. 1755. — Aucune des réparations réputées locatives n'est à la charge du locataire quand elles ne sont occasionnées que par vétusté ou force majeure.

Il résulte de l'ensemble de ces dispositions que le locataire n'est tenu que de réparer le dommage causé par sa faute ou sa négligence.

Dans l'arrondissement d'Avranches, l'usage met à la charge des locataires sortants le blanchiment à la chaux des plafonds et des murs, à moins que ce blanchiment ne soit nécessité par une défectuosité de la maison, par exemple une cheminée qui fume et qui noircit les murs et les plafonds.

Le ramonage des cheminées est à la charge du locataire. Il en est de même du balayage de la voie publique, à moins que le propriétaire n'occupe lui-même une partie de la maison, auquel cas le soin du balayage lui incombe.

Les arbres et arbrisseaux qui meurent dans les jardins doivent être remplacés par le locataire, à moins qu'il ne prouve qu'ils sont morts naturellement.

Nous estimons que le locataire ne saurait être tenu de remplacer les arbres exotiques, la présomption d'acclimatation insuffisante plaiderait en sa faveur.

Le locataire doit entretenir les plates-bandes, les gazons, les garnitures de buis, faire mettre du sable dans les allées, tailler les arbres ; il ne doit pas l'entretien des treilles ni des salles vertes et berceaux. Il doit celui des robinets, des bassins et des jets d'eau.

S'il existe plusieurs locataires dans un même immeuble et qu'il soit impossible de savoir qui a dégradé les choses d'un usage commun, la réparation doit en être faite par le propriétaire.

On considère comme réparations locatives des immeubles ruraux le redressement et le nivellement des aires du sol en terre des maisons, granges, celliers, étables et chambres à grains.

Si les chevaux ont rongé le devant des mangeoires du râtelier, la réparation en incombe au locataire, qui a eu le tort de placer dans l'écurie des chevaux ayant le tic de ronger le bois.

Les menues réparations des pressoirs, telles que celle des clefs brisées et des chevilles du rouet, sont à la charge du locataire, qui doit aussi entretenir les cuves et les tonnes de cercles en bois.

Impôt des Portes et Fenêtres

A défaut de conventions contraires, l'impôt des portes et fenêtres est à la charge du propriétaire.

Obligations

DU FERMIER ENTRANT ET DU FERMIER SORTANT

Art. 1777. — *Le fermier sortant doit laisser à celui qui lui succède dans la culture les logements convenables et autres facilités pour les travaux de l'année suivante, et réciproquement le fermier entrant doit procurer à celui qui sort les logements convenables et autres facilités pour la consommation des fourrages et pour les récoltes restant à faire.*

Dans l'un et l'autre cas, on doit se conformer à l'usage des lieux.

Quand un locataire quitte une maison et qu'un autre y entre, il n'y a aucune difficulté ; le premier emporte ses meubles et, une fois son déménagement opéré à l'expiration de sa jouissance, il n'a plus le droit d'entrer dans la maison qu'il a occupée, pas plus que son successeur ne pourrait y pénétrer avant le jour où sa location commence à courir.

Il n'en est pas de même quand il s'agit d'un immeuble rural. Le changement de locataire entraîne une complication d'intérêts et de droits qui se résout, pendant les derniers temps du bail qui finit et les premiers mois du bail qui commence, en une sorte de communauté entre le fermier entrant et le fermier sortant.

Le Code, tout en posant un principe général, s'en réfère à l'usage de chaque contrée. Le principe est le suivant : *Chacun des deux fermiers doit laisser prendre par l'autre les logements et autres facilités dont il a besoin : celui-ci pour finir son exploitation, celui-là pour commencer la sienne.*

C'est aux usages différents, aux divers modes de culture et aux diverses natures de biens qu'il convient de s'en référer pour les détails.

Le fermier sortant doit laisser au fermier entrant les bâtiments de sa ferme le jour de la Saint-Michel (29 septembre), à midi, à moins que ce jour ne tombe un dimanche; dans ce cas, l'entrée n'a lieu que le lendemain à la même heure.

Toutefois, les logements que nous allons énumérer restent à la disposition du fermier sortant jusqu'aux époques que nous allons indiquer :

1° **Boulangerie.** — Le fermier sortant peut la conserver *jusqu'à Noël,* afin d'avoir un abri quand il vient récolter les pommes, les racines et battre le blé, à moins que l'on n'ait un autre appartement à lui donner.

2° **Grange et Grenier ou Chambre à grains.** — Le fermier sortant a le droit de les conserver *jusqu'à la même époque,* et même, dans la majeure partie des communes de l'Avranchin, *jusqu'à Pâques.* Pendant le temps du battage, il cuit son pain à la boulangerie et prend dans le légumier, pour lui et les personnes travaillant à la ferme, des *poireaux* et des *choux communs de sa plantation* jusqu'à la fin du battage.

3° **Caves.** — Le fermier sortant conserve les caves *jusqu'à la Saint-Jean* (24 juin) qui suit sa sortie; mais, s'il n'avait pas de cidre, il serait tenu de remettre les clefs à son successeur.

4° **Pressoir.** — Il a le droit de se servir du pressoir pour pressurer les fruits excrus sur la ferme qu'il a quittée. Pour cueillir les fruits, il a *jusqu'à la Toussaint* (1er novembre). Dans le même délai, il doit avoir enlevé les pommes de terre, carottes, betteraves, châtaignes, glands, graines de trèfle et de trémaine.

5° **Charrées et Cendres.** — Dans le canton de Ducey, les charrées et cendres appartiennent au fermier qui peut les enlever. Dans d'autres cantons, notamment dans ceux de la Haye-Pesnel et de Villedieu, elles appartiennent aux propriétaires, ainsi que les pailles de sarrazin, avoines et orges, bien qu'elles aient été battues par le fermier sortant avant son départ, sauf au fermier entrant à les ramasser où bon lui semblera.

Dans le canton de Sartilly, les déchets du battage des blés de la dernière récolte appartiennent au fermier entrant. La balle d'avoine est la propriété du fermier sortant. Cet usage existe aussi dans le canton de Ducey.

Le fermier sortant a encore le droit d'enlever les pépinières ou suretières plantées pendant sa jouissance; mais, si le plant a été fourni par le propriétaire, les sujets seront partagés entre eux, à moins de stipulation contraire. L'enlèvement des jeunes plants peut se faire *jusqu'à Noël*.

Le fermier sortant peut faire paître les regains quand le fermier entrant a enlevé ses foins.

Il profite de l'osier la dernière année.

6° ***Jardin.*** — Le locataire sortant d'un jardin a droit de venir récolter les produits non encore mûrs à sa sortie.

Principales Obligations du Fermier sortant

Il doit :

1° *Laisser les pailles engrangées;*

2° *Laisser les foins dans les prés et la première coupe de luzerne;*

3° *Laisser un quart du légumier en choux communs;*

4° *Fermer les prés au plus tard le jour de la Saint-Georges* (23 avril) *précédant sa sortie;*

Dans le canton de Saint-James, les prés doivent être fermés avant le 1ᵉʳ avril.

5° *Faire employer les gluis de la dernière récolte, s'il n'a pas en entrant employé ceux laissés par son prédécesseur, et fournir la latte;*

6° *Garnir les cours, s'il les a trouvées garnies à son entrée;*

La propreté, la salubrité et la santé publiques gagneraient certainement à la suppression de ce déplorable usage qui oblige les fermiers à entretenir un véritable foyer d'infection, un cloaque des plus dégoûtants devant leur maison d'habitation; un grand nombre de maladies et d'affections morbides n'ont pas d'autres causes. Les conseils d'hygiène de-

vraient bien se préoccuper de cet état de choses que nous
signalons en passant à leur attention.

7° Faire consommer les trémaines et les fourrages;

*8° Laisser faire par le fermier entrant, à partir de la Saint-
Jean, les litières et les engrais;*

9° Interdiction de faire du sibéri la dernière année.

Principales Obligations du Fermier entrant

Il doit :

*1° Faire les litières à partir de la Saint-Jean, et à cet effet
le fermier sortant doit lui fournir les pailles nécessaires, et à
défaut de paille le fermier entrant a le droit de couper les
herbes et les fougères excrues sur les haies;*

*2° Curer les rivières, ruisseaux et rigoles, après la fauchai-
son du foin, et mettre en tas les terres provenant des curages
pour en faire des engrais l'année suivante;*

*3° Irriguer les prés aux époques déterminées, c'est-à-dire, le
plus généralement, à partir de Noël.*

Principaux Droits du Fermier entrant

1° Il profite des engrais à partir du 23 juin;

*2° Il coupe les foins, qu'il doit avoir rentrés dans le grenier
pour le 22 juillet, à moins de cas de force majeure;*

3° Il profite de la première coupe de luzerne;

*4° A partir de la Saint-Jean, il peut planter des poireaux
dans le jardin légumier;*

*5° Il sème des graines de trémaine dans l'orge semée par le
fermier sortant; quand celui-ci en a fait, il doit en prévenir le
fermier entrant.*

Assolements

Dans l'Avranchin, les assolements varient *de quatre à
sept ans.*

Pour les parcelles ou les petites propriétés de deux à trois
hectares, les assolements ne sont que de *quatre* années : *sarrasin, froment* et *herbage.*

Pour les fermes de trois à six hectares, les assolements sont au nombre de *cinq* : *sarrazin, froment, orge, herbage* et *froment-guéret*.

Il y a quelques années, au lieu de faire la *cinquième* reprise en froment-guéret, on faisait du deuxième froment après le premier, de sorte que les reprises étaient les suivantes : *sarrazin, premier froment, deuxième froment, orge* et *herbage*. Mais ce mode de culture, étant reconnu défectueux, le deuxième froment sur le premier ne rapportant presque plus, a été abandonné.

Pour les propriétés de six à vingt hectares, les assolements sont au nombre de *six* : *sarrazin, froment, orge, premier herbage, deuxième herbage* et *froment-guéret*.

Quelquefois, la *troisième reprise en orge* est divisée en *deux*, c'est-à-dire que l'on fait moitié orge et moitié avoine, dans laquelle on sème de la trémaine.

Dans quelques communes, on fait une reprise entière d'avoine après le premier froment ; mais, dans ce cas, on ne fait pas la sixième reprise en froment-guéret, et alors les reprises sont les suivantes : *sarrazin, froment, avoine, orge, premier herbage, deuxième herbage*.

Dans les très grandes terres, on fait quelquefois *sept* reprises : *sarrazin, froment, avoine, orge, premier herbage, deuxième herbage* et *froment-guéret*.

Le fermier ne peut faire dans la reprise qui doit être mise en sarrazin qu'*un tiers au plus* en trèfle, lin et pois.

Dans le Mortainais, l'assolement est *quinquennal* : trois années de culture et deux années de jachères ou de plantes sarclées.

En général, un cinquième des terres labourables doit être semé en céréales d'hiver : froment ou seigle, du 15 octobre au 15 décembre ; un cinquième en avoine ou en orge, un cinquième en sarrazin ; les deux autres cinquièmes doivent être en plantes sarclées ou en jachères.

Dans quelques communes des cantons de Saint-Hilaire-du-Harcouet, Juvigny et Saint-Pois, l'assolement est de *six* ans.

Réparations
Obligation de payer les Fermages

Quelques locataires ou fermiers s'imaginent avoir le droit, si le propriétaire ne fait pas de réparations, de retenir les loyers jusqu'à ce qu'ils aient obtenu satisfaction ; ils commettent une erreur. Cette prétention a été condamnée à diverses reprises, notamment par un jugement du Tribunal d'Avranches du 24 juillet 1893, ainsi conçu :

« Attendu que le sieur G... a fait faire aux époux D..., le 26 juin dernier, commandement d'avoir à lui payer la somme de douze cent cinquante francs pour fermages à lui dus, échus le jour de Pâques 1893 ;

« Attendu que les époux D... ont formé opposition à ce commandement sous le prétexte qu'ils sont en instance devant le Tribunal pour obliger leurs propriétaires à faire des réparations aux immeubles qui leur ont été loués, et qu'ils sont en droit de retenir le montant de leurs fermages tant que les réparations n'ont pas été effectuées ;

« Attendu que la prétention des époux D... est inadmissible ; qu'il serait vraiment trop facile à un locataire de ne pas payer ses loyers en appelant en justice son propriétaire pour le fait qui lui serait reproché d'un soi-disant défaut de jouissance de l'immeuble loué..... »

État de Lieux

Il est toujours de l'intérêt du propriétaire et du locataire de faire un état de lieux avant l'entrée en jouissance. S'il n'en était pas fait, la présomption serait que le preneur les aurait reçus en bon état.

Rappelons enfin que s'il y a contestation sur le prix du bail, il n'y a pas de preuve testimoniale possible, le prix fût-il inférieur à cent cinquante francs.

Dégradations

Les dégradations sont en général à la charge du locataire.

Il y a dégradation dans le fait par le locataire d'endommager les murs, les papiers, les lambris, les tapisseries, les fermetures des fenêtres ; de briser des carreaux, des vitres, etc. ; de détruire ou détériorer les arbres d'un jardin, de ne pas tailler les espaliers, de briser les tonnelles, etc., etc...

Pour les biens ruraux : commet des dégradations le fermier qui détourne les engrais, pailles, foins, qui devraient être consommés sur la ferme ; qui coupe des arbres des taillis en dehors des conditions du bail ; qui fait des semailles trop tardivement.

Il en est de même de celui qui ne suit pas les assolements, ne détruit pas les mauvaises herbes, ne relève ni n'entretient les haies, qui coupe les bois hors saison, laisse brouter et écorcher les pommiers, qui ne s'occupe pas de l'irrigation des prairies, du curage des rigoles, des abreuvoirs.

Le fait d'ensemencer sans fumer convenablement constitue aussi une dégradation.

L'énumération que nous venons de faire n'est pas limitative, mais simplement énonciative.

Coupe des Bois taillis

Émondage dans les champs — Taille des plantes vives
Bois-jan

La coupe des bois taillis est réglée en *six ou sept coupes*. Le fermier entrant doit suivre les coupes qu'avait suivies son prédécesseur.

On ne doit couper que les émondes des souches ou arbres et non les grosses branches et les baliveaux.

Le fermier coupe à son profit les bois francs et piquants dits *de tonture* de reprise en reprise sur les pièces de terre où il doit faire du sarrazin, à moins de stipulations contraires.

Les coupes doivent commencer le *1ᵉʳ novembre* et se terminer en *avril* au plus tard.

Sur les prés, la coupe doit être terminée avant le 23 *avril*.

Le fermier ne doit pas couper les branches anciennes ni les baliveaux ; au contraire, il doit laisser le plus possible de ces derniers.

Après la coupe des bois de tonture, il doit réparer les haies et les fossés.

Les haies de plantes vives entre cours et jardins doivent être taillées au moins *une fois par an* et réduites à un mètre trente-trois centimètres de hauteur. Cette opération incombe au fermier.

Dans les champs et sur le bord des chemins, les haies d'épines qu'on a l'habitude de tondre pour en faire des bourrées doivent être coupées *tous les trois ans*.

Le bois-jan se coupe aussi *tous les trois ans*.

Gluis

On a l'habitude, dans l'Avranchin, comme du reste dans presque tout le département de la Manche, de couvrir les bâtiments ruraux avec des gluis. Depuis quelques années cependant, la tuile ou l'ardoise remplace le chaume, surtout dans les constructions nouvelles ; il est à souhaiter que la couverture en gluis disparaisse : rien de plus dangereux ; c'est la foudre, c'est la main d'un criminel, c'est l'imprudence d'un domestique qui met le feu à un toit en chaume, et voilà une ferme, un village, même une commune entière incendiés ! Des familles ruinées ou, tout au moins, réduites à un état de gêne dont les effets se feront sentir longtemps. Tous ces malheurs pourraient être si facilement évités ou, tout au moins, atténués si la pierre ou la tuile remplaçaient les gluis dans les couvertures. Il y a bien l'assurance, mais, outre que tout le monde ne s'assure pas, le règlement ne se fait toujours pas facilement ; en tout cas, la prime à payer est moins élevée quand il s'agit de bâtiments couverts en pierre.

Quoi qu'il en soit, nous devons constater que le fermier doit employer sur les bâtiments de la ferme qu'il exploite les gluis que peut produire la terre ; du reste, cette clause est généralement inscrite dans les baux; mais, ne le fût-elle, que cette obligation existerait quand même.

Il s'agit de rechercher en quelle quantité les gluis doivent être fournis.

Dans quelques cantons, l'usage indique que cette quantité doit être de trois à cinq gluis par *vergée* (vingt ares), ou de quinze à vingt-cinq par hectare de terre labourable. C'est là une base erronée. En effet, non seulement dans un canton, mais même dans une commune, la qualité du terrain varie considérablement, et puis il faut tenir compte de la diversité des assolements d'après la contenance des terres. Il serait donc injuste d'adopter le système que nous venons d'exposer. Certaines terres fourniraient trop de gluis, d'autres n'en donneraient pas assez. Il faut donc se rendre compte de la quantité de gluis que chaque ferme doit réellement produire. Pour cela, il faut d'abord défalquer de la contenance totale de la terre les sols des bâtiments, cours, jardins à plants et à légumes, prés, bois et terrains vagues, de manière à n'avoir que la superficie de la terre labourable; ensuite, on recherche le nombre de reprises ou assolements que le fermier fait ou doit faire.

Évaluons à soixante vergées la partie de terre labourable et supposons que le fermier doive faire six reprises dans lesquelles il y a eu un premier et un deuxième froment ou froment-guéret; chaque reprise de froment est donc de dix vergées. On recherche ce que chaque vergée produit de gerbes : leur nombre varie de quatre-vingts à cent vingt. Prenons une moyenne, cent. Il faut quatre gerbes pour faire un glui, c'est donc vingt-cinq gluis que le fermier doit faire pour chaque vergée de premier froment. Mais de cette quantité il faut défalquer ce qui est nécessaire pour les besoins de la ferme, c'est-à-dire pour les liens, les marcs, pour brûler les porcs, etc., etc.

Admettons pour ces causes un cinquième. Il reste donc net vingt gluis par vergée, soit pour les dix vergées en premier froment, deux cents gluis.

Pour le deuxième froment ou froment-guéret, on compte en général la moitié de la quantité ci-dessus indiquée, c'est-à-dire cent gluis.

Il résulte de ces calculs que le fermier d'une terre de soixante vergées labourables doit faire chaque année employer, sur les bâtiments, trois cents gluis du poids de quinze à seize livres chacun (7 kilos et demi à 8 kilos).

A l'expiration du bail, pour se rendre compte si le fermier a employé la quantité de gluis dont il est comptable, on mesure les couvertures qu'il a fait faire et on multiplie le nombre de mètres carrés par trois, trois et demi ou quatre, suivant la qualité de la couverture, et on obtient la quantité qu'il a employée ; on diminue cette quantité de celle dont il est comptable, et la différence, s'il en existe, est à son compte.

Pour faire une bonne couverture, il faut employer quatre gluis au mètre, mais souvent on n'en emploie que trois et demi ou trois. C'est pour ce motif que nous disions plus haut de multiplier chaque mètre carré fait par trois, trois et demi, suivant la qualité de la couverture. En opérant de cette façon, on obtient un résultat aussi exact et aussi équitable que possible.

Tour d'échelle

Le tour d'échelle est dans les villes de la largeur d'un mètre et dans les campagnes de deux mètres.

Pressoirs

Les pressoirs dont il est fait ordinairement usage dans la campagne sont des pressoirs dits pressoirs à bélier, avec tour en pierre et roue en bois pour écraser les pommes.

Il arrive souvent qu'il n'existe qu'un seul pressoir pour plusieurs fermes. De là, bien des difficultés entre les ayants droit au moment des vendanges, et il faut la plupart du temps, recourir à l'intervention de la Justice.

Quand un pressoir appartient ainsi à plusieurs co-propriétaires, les titres de propriété ou les convenances personnelles établissent l'ordre dans lequel chaque intéressé peut en user et le nombre de jours pendant lesquels il exercera son droit.

Souvent il arrive qu'un des intéressés renonce à son droit au pressoir ; alors les autres propriétaires acquièrent indivisément le droit abandonné qui se répartit entre eux proportionnellement à leurs droits respectifs de propriété.

Cette renonciation peut avoir lieu à n'importe quelle époque ; cependant, le propriétaire de l'immeuble où est reposté le pressoir n'a pas la même faculté de renoncer à son droit pour se dégager de l'obligation lui incombant de tenir les murs et les couvertures en bon état, il faudrait dans ce cas abandonner toute sa propriété aux aútres ayants droit.

Les réparations sont à la charge des co-ayants droit, proportionnellement au nombre de jours d'usage qui leur est attribué.

Les co-propriétaires d'un pressoir ne doivent s'en servir que pour pressurer les fruits excrus sur la terre dont la propriété leur donne droit au pressoir.

Si les propriétaires remplaçaient leurs pressoirs à bélier par des pressoirs à vis qui ne serviraient qu'à une seule ferme, ils feraient œuvre de bonne administration.

Domestiques, Louage de services

L'usage n'a pas consacré d'époque fixe pour le louage des domestiques, qui se fait le plus souvent dans les mois d'avril et de mai, surtout en avril.

Le louage de services est de trois sortes :

    1° Par jour ;

    2° Par mois ;

    3° Par année.

Pour le louage par jour, il ne saurait y avoir de difficultés : le journalier fait sa journée et il reçoit son salaire.

Les domestiques qui louent leurs services au mois sont payés par mois. Le maître peut leur donner congé en les prévenant au moins *huit* jours à l'avance et réciproquement. Ceux qui les louent à l'année sont payés à la fin de l'année, sauf acomptes versés, s'il y a lieu, dans le courant de l'année.

Il n'est pas d'usage de faire constater par écrit les conditions dans lesquelles un domestique s'engage à servir, pas plus que les maîtres n'ont l'habitude de retirer quittance du paiement des gages. Disons, cependant, que c'est au maître à prouver sa libération et qu'il n'est plus cru sur sa simple affirmation en ce qui concerne la quotité des gages et leur paiement.

Quand les conditions sont arrêtées, le maître, dans les campagnes, verse entre les mains du domestique une petite somme appelée : *vin, denier à Dieu.* A partir de ce moment, le contrat est définitif, et, en cas de rupture, une indemnité serait due par celui qui la causerait, à moins que cette rupture ne fût fondée sur des motifs sérieux; en tout cas, le domestique devrait la restitution des arrhes au cas où ce serait lui qui manquerait à l'engagement, même par suite d'un motif des plus légitimes.

Les règles relatives aux engagements des domestiques et particulièrement la règle qui permet de congédier un domestique, payé au mois, à toute époque après un délai de prévenance, ne sont pas applicables à un individu qui, préposé à l'administration d'un domaine, apparaît par ses fonctions comme étant un homme de confiance et touche un salaire fixé non au mois, mais à l'année; en conséquence, le contrat se renouvelant chaque année par tacite reconduction, il ne peut être congédié sans motifs légitimes avant l'expiration de l'année en cours.

Ne constitue pas une cause légitime de congédiement : le décès de la femme d'un régisseur préposé à l'administration d'un domaine, quand il ne ressort pas du contrat que la présence de cette femme ait jamais été considérée comme indispensable ni qu'elle ait déterminé le choix du préposé. (*Jugement du Juge de paix d'Avesnes, canton sud, du 20 janvier 1894; confirmé par jugement du Tribunal le 1ᵉʳ mars suivant.*)

Saisie-Brandon

Art. 626 du Code de Procédure civile. — *La saisie-brandon ne pourra être faite que dans les six semaines qui précéderont l'époque ordinaire de la maturité des fruits ; elle sera précédée d'un commandement après un jour d'intervalle.*

Les fruits, grains et foins sont réputés *meubles* et par conséquent saisissables après le jour de la Saint-Jean-Baptiste (24 juin), les pommes et les raisins après le 1er septembre (art. 505 de la *Coutume de Normandie*).

Il est des récoltes, telles que les sarrasins, qui sont à peine sorties de terre à la Saint-Jean. On décidait qu'elles étaient réputées meubles après le 1er septembre.

Les lins et chanvres étaient considérés comme meubles la *veille* de la Saint-Jean.

Ces dispositions sont encore suivies dans notre région.

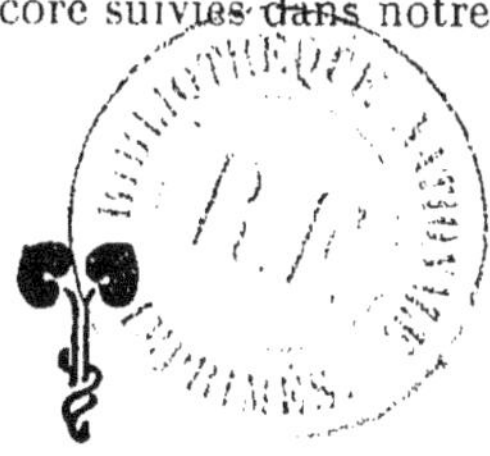

Table alphabétique

OUVRAGES DU MÊME AUTEUR

✤ ✤ ✤

DE L'EXÉCUTION DES PEINES ✣ ✣ ✣ ✣

DEUX RÉFORMES au Code d'Instruction Criminelle

De la Suppression de la surveillance de la haute police

LES RÉCIDIVISTES ✣ ✣ ✣ ✣ ✣ ✣ ✣

www.ingramcontent.com/pod-product-compliance
Lightning Source LLC
Chambersburg PA
CBHW061233030726
47595CB00004B/1504